tredition®

Marie Mantek

Schatten, mit Tendenz Richtung Licht

- Finde deine ganz eigenen Sternmomente -

www.tredition.de

© 2020 Marie Mantek

Verlag und Druck: tredition GmbH, Halenreie 40-44, 22359 Hamburg

ISBN
Paperback: 978-3-347-05159-1

Vorwort

Kurz vor meinem achtzehnten Geburtstag beschloss ich, all die beschriebenen Papiere zusammenzusuchen, die sich in vergangenen Zeiten und durch einige Klinikaufenthalte angesammelt hatten.

Ich schrieb jedes einzelne Wort nieder und legte mir meine ganz eigene Geschichte noch einmal selbst vor Augen.

Es war manchmal mehr als nur das bloße Gefühl, innerlich fast zu zereißen, als ich diese vielen Zeilen tippte.

Oft mustte ich mit dicken Tränen, die über mein Gesicht kullerten, meinen Schreibfluss unterbrechen, weil ich Zeit brauchte, um all das, was passiert war, in Ruhe verarbeiten zu können.

Wie du vielleicht weißt, ist es ein langer Weg so ein Buch fertigzustellen.

Es muss überprüft und bearbeitet werden, bis es dann schließlich bei dir persönlich zuhause landen kann.

Du kannst diesen Prozess ungefähr so aufregend vorstellen, wie dein ganz persönlicher Lebensweg verlaufen wird.

Beides stellt meist eine lange und spannende Reise dar, die dich persönlich in jeglichen Bereichen erfüllen sollte.

Dich werden sowohl viele glückliche, als auch schwere Momente begleiten, an denen dein persönliches Wachstum mit all seinen Facetten möglich ist.

Erinnere Dich:

Jeder Moment,

den du im Laufe der Zeit erleben wirst,

geht sowohl als großer und kraftvoller Abschnitt,

als auch nur durch eine einzelne und vorsichtige Zeile in deine ganz eigene Geschichte ein.

Sei daher achtsam im Umgang mit dir und deiner Umwelt.

Nur so kannst du meist selbst die Entscheidung

dazu treffen,

wie dein aktueller Moment definiert werden darf und was du davon in deinen Erinnerungen halten möchtest.

Manchmal machst du einen großen Absatz in deinem Lebensbuch, weil vielleicht gerade der Platz dazu gebraucht wird, um dich neu zu sortieren.

Auch Bilder darfst du einfügen, um besonders starke Emotionen – in beide Richtungen – zu verdeutlichen.

Genauso kannst du eine ganz neue Seite beginnen, um zu zeigen, dass es an der Zeit ist, etwas Neues zu wagen.

Einzelne Blätter herauszureißen, die dir nicht mehr gefallen, ist jedoch nahezu unmöglich.

- Dein Buch wäre sonst unvollständig.

„Ein paar Seiten zurückzublättern,

*um aus unserer eigenen Vergangenheit zu
lernen und sie schließlich zu akzeptieren,*

ist meist der einzige Weg,

um einen neuen und kraftvollen

Abschnitt für uns beginnen zu können."

Du darfst unglaublich stolz auf dich sein, wenn du dich bereit dazu fühlst, dein persönliches Buch bewusst anzuschauen und darin zu lesen.

Bis dahin darfst du darauf zu vertrauen versuchen, dass es so wie es gerade passiert, für deine Geschichte einen Sinn hat und es okay ist, mal nicht vollkommen sein zu müssen.

„Viel öfter sollten wir erkennen,

wie lieb wir uns eigentlich selbst haben
dürfen."

Eine Definition vom *perfekten Leben*, die bleibt ganz allein dir selbst überlassen.

Ständige Abgleichungen mit den Definitionen anderer Menschen bringen nur Unruhe und Verzweiflung in dein Leben.

Sobald du aber nach deinen eigenen Vorstellungen und Träumen zu handeln beginnst und dich manchmal auch einfach treiben lässt, kannst du vermeiden, dich selbst in irgendeiner Weise je abwerten zu müssen.

Erinnere Dich:

Immer dann,

*wenn du deinem Gegenüber einen höheren Wert zuschreibst
als dir selbst,*

wirst du dich niemals wohl in deiner Haut fühlen und

*häufiger etwas an deiner aktuellen Situation zu bemängeln
haben.*

- Du darfst einzigartig und wunderbar sein.

Frage dich, ob Regeln oder Überzeugungen, die du emp-findest, einzig und allein von dir selbst ausgehen, oder ob es vielleicht die Einstellungen und Werte deiner Mitmen-schen sind, die dich nachdenklich machen.

„Beautiful,

just the way we are."

Jeder einmalige Charakter auf dieser Welt hat ganz individuelle Bedürfnisse und Prioritäten.

- Auch du.

Zeige dich deshalb offen und selbstbewusst, sodass du dich nicht hinter Meinungen anderer verstecken und klein machen musst, wenn sie doch gar nicht deinen eigenen Überzeugungen entsprechen.

„Die einzige Erlaubnis,

die wir uns erteilen **müssen,**

ist die,

unser Leben leben zu dürfen.“

Bevor du nun gleich anfängst, dich durch diese vielen Seiten zu lesen, in denen ich dir meine Gedanken, Ängste und bisherigen Erfahrungen anvertraue, möchte ich, dass du dich im Hier und Jetzt noch einmal ganz bewusst spürst.

Nehme deinen Wert wahr und gebe dir die Erlaubnis, jederzeit gebraucht zu werden.

„Wir dürfen endlich zulassen,

uns einmal selbst spüren und annehmen
zu können.“

Besonders an ganz gewöhnlichen Tagen wie vielleicht heute, solltest du dir einen kleinen Moment Zeit nehmen, um positive Grundannahmen für dich deutlicher zu machen.

Suche dazu am besten einen ruhigen Ort auf, an dem du dich wohl und geborgen fühlen kannst und überprüfe, ob hilfreiche Glaubenssätze in deinem Herzen stark genug verankert sind, damit sie auch in sehr emotionalen oder schwer aushaltbaren und anstrengenden Momenten jederzeit sicher für dich abrufbar sein können.

„Wir dürfen Zeit nur mit uns selbst

verbringen,

um wieder neue Kraft tanken zu können.

Nur so ist es uns möglich,

versteckte Bedürfnisse zu erkennen und
eine tiefe Verbindung mit ihnen zu

knüpfen."

Manchen Menschen sind wie Engel, die fast ganz unscheinbar an unserer Seite sind.

Du nimmst sie meist kaum wahr oder bemerkst ihr Dasein erst im Nachhinein, wenn der Moment schon längst vorüber ist.

Diese kleinen Helfer und Beschützer möchten dir durch ihre unsichtbaren Taten zeigen, dass du gebraucht wirst und wichtig bist.

Ich bin mir sicher, du denkst gerade darüber nach, welche Engel dir im Leben schon begegnet sind und wie sie dir vielleicht geholfen haben, leichter durch schwere oder herausfordernde Momente zu kommen.

Vergiss nicht, dass auch du für einige deiner Mitmenschen manchmal ein Engel sein kannst.

- Du wirst gebraucht.

„Engel ohne Flügel

sind Menschen mit ganz viel Herz."

Es ist längst Zeit, eine Liebesbotschaft an dich selbst zu richten, wenn du das Gefühl verspürst, es sei vielleicht unwichtig oder gar zeitverschwendend, deiner inneren Stimme Zuwendung zu schenken.

Denke nicht so viel darüber nach, wie du die beste Formulierung und eine anschließend entsprechende Reaktion hervorrufen kannst, sondern vertraue darauf, dass du eigentlich genau weißt, wie du dich selbst lieben kannst.

Es gilt nun zu lernen, das Gefühl von Selbstwertschätzung anzunehmen und zu verinnerlichen, dass du dich niemals dafür schämen brauchst.

Du darfst immer wissen, dass nie etwas falsch oder verboten ist, wenn du die Absicht hast, dir damit etwas Gutes zu tun.

Für dich zu sorgen und dir selbst treu zu bleiben werden keine negativen Folgen für dich haben.

„Unsicherheit bedeutet,

*dass wir uns vor Veränderungen fürchten
und glauben,*

*die Kontrolle über uns selbst verlieren zu
können."*

Gedanken haben keine Schublade verdient, die niemals wieder geöffnet werden kann, weil du den Schlüssel aus Wut, aus Angst oder aus Zweifel weit weggeworfen hast.

Jeder einzelne Gedankengang in deinem Gehirn hat seine Berechtigung da zu sein und sich nicht durch Einflüsse der Außenwelt manipulieren zu lassen.

Wie du deine Gedanken bewertest und wie du anschließend nach ihnen zu handeln beginnst, ist dir selbst überlassen.

– Du darfst hinhören und wahrnehmen.

„Gedanken sind dazu da,

uns zu lehren."

Es ist dir nicht möglich, die Gedanken anderer Menschen zu steuern oder in eine gerade Bahn lenken zu können.

Müsstest du das Gedankengerüst deiner Mitmenschen übernehmen und planen, würdest du ziemlich wahrscheinlich schon bald zusammenbrechen.

- Gib daher acht auf dein Wohlbefinden und traue auch deinen Mitmenschen zu, selbst für sich zu sorgen und Verantwortung für ihr eigenes Handeln übernehmen zu können.

Erinnere Dich:

Du darfst dir selbst genug sein.

Oft merkst du vielleicht nicht früh genug, den Punkt des unbewussten, inneren Leidens leider schon längst erreicht zu haben.

- Achte darauf, jeglichen Signalen deines Körpers und Geistes zu vertrauen.

Ich möchte dir hierbei gerne ans Herz legen, dass du in Zukunft etwas weniger im Kopf bist und dafür viel öfter deinem Bauchgefühl folgst.

Glaube mir, es wird dich leiten und dir zeigen, dass du tief in deinem Inneren genau spürst, wenn dir gerade etwas viel zu viel wird und du dich deshalb manchmal so erschöpft fühlst.

„Der Bauch ist das Herzstück unserer

Gefühle."

Ab und zu...

Vielleicht nur manchmal...

Ganz selten...

...da wird es diesen Moment geben, in dem dein Bauchgefühl spontan in deinen Kopf wandert, weil es nicht mehr alleine zurechtkommt.

Dein Gefühl holt sich dort den nötigen, rationalen Rat, den es gerade braucht, um dir mehr sicheres Vertrauen schenken zu können.

Anschließend wird es wieder zurück an seinen ursprünglichen Platz marschieren, an dem es sich wohlfühlt.

„Wir könne uns schwere Momente

erleichtern,

indem wir ihnen die Macht nehmen,

um angenehme Ruhe in uns selbst zu schaffen."

Es ist nicht leicht, ganz im Gegenteil.

Der Alltag dreht sich fast permanent um Schule oder Arbeit, die Familie und alle anderen Pflichten, die an dich gestellt werden.

Es bleibt wahrscheinlich nur wenig Zeit, wirklich bewusst für dich zu sorgen und nicht immer nur funktionieren zu müssen.

Umso wichtiger ist es deshalb, positive Bereicherungen für dein Leben zu schaffen, um deine Persönlichkeit in unterschiedlichen Bereichen kreativ entfalten zu können.

- Du darfst versuchen, dir so oft es geht Zeit zu verschaffen, um deinem Geist etwas Gutes tun zu können.

Erinnere Dich:

*Entspannung und Zufriedenheit sind die Bausteine
deines Lebens,*

*welche mindestens genau so viel Raum in Anspruch nehmen
dürfen,*

wie deine ganz alltägliche Routine.

Ich bin mir sicher, dass du dich an einige Situationen erinnern kannst, in denen du deinen eigenen Bedarf mal
schnell hinter den anderer gestellt hast, auch wenn es
vielleicht gar nicht nötig war.

Dein enger Freundeskreis, deine Familie, dein Partner o-
der auch deine Kollegen auf der Arbeit werden dir garan-
tiert raten, etwas mehr Zeit nur für dich selbst einzupla-
nen und dir nicht immer um jeden und alles deinen Kopf
zu zerbrechen.

„Wir dürfen uns selbst unterstützen,

indem wir zunächst unseren Wert

anerkennen."

Sobald du dir schmerzhafte Schuldgefühle machst, den Fehler nur bei dir zu suchen beginnst oder die Verantwortlichkeit für bestimmte Dinge immer alleine übernimmst, darfst du hinterfragen, ob der Umkreis; die Umgebung, in der du dich befindest, gerade passend ist und sich stimmig anfühlt, um darin unbeschwert zu sein.

Manchmal hilft es, die Perspektive zu wechseln, um dich selbst mal aus einem anderen Blickwinkel sehen zu können.

- Nur so können Momente wieder in ein ganz anderes Licht gerückt werden.

Erinnere Dich:

Neue Chancen und Wege,

die sich ergeben,

schaffen mehr Vertrauen in die eigenen inneren Werte.

Die Wahrnehmung in Bezug auf nahestehende Menschen,

sowie auf Reize aus der Umwelt werden positiv beeinflusst.

Gib dir daher die Zeit,

die es braucht,

um eins mit deiner Seele zu werden und somit jeden Tag
wieder ein Stückchen mehr Heilung zuzulassen.

Bis dahin darfst du darauf vertrauen,

dass die ganzen Menschen,

die dich liebhaben und mit dir in Kontakt treten,

nicht so falsch liegen können,

sondern du liebenswert und wertvoll für sie bist.

Jeder Mensch hat individuelle Wegbegleiter in seinem Leben, die zu gegebenen Zeiten auch brauchbar sein dürfen.

- Vielleicht kannst du dich in meinem Buch an einigen Stellen sogar selbst wiederfinden und damit versuchen, das Dasein deiner Wegbegleiter mehr anzunehmen.

Du solltest allerdings vorsichtig mit ihnen umgehen, denn manche von ihnen dürfen kein größeres Maß annehmen als du es tatsächlich selbst bist.

„Sobald unser inneres Vertrauen wächst,

wird automatisch ein Gefühl von

Sicherheit vermittelt."

Wie du es nun schaffen kannst, einen gesunden Umgang mit deinen persönlichen Begleitern zu finden und wie du dabei der Herrscher über dich, deinen Körper und deine eigenen Bedürfnisse bleibst, das möchte ich dir durch eigene Erfahrungen mit auf den Weg geben.

„Und plötzlich wissen wir:

Es ist Zeit,

etwas wunderbar Neues zu beginnen,

um den Zauber des blühenden Anfangs
funkeln sehen zu können."

Sternmomente

Es sind Momente,

die du dir selbst definieren darfst und die ganz allein dir gehören.

Es sind Momente,

die nur du spüren und verstehen kannst.

Es sind Momente,
die dich zum Lachen bringen.

Es sind Momente,

in denen du dich verstanden und aufgehoben fühlst.

Es sind Momente,

in denen dich Zufriedenheit überkommt.

Es sind Momente,

in denen du dir deiner Selbst mehr und mehr bewusst werden kannst.

Es sind Momente,

in denen du annehmen kannst, was dein Unterbewusst-
sein dir sagen möchte.

Es sind Momente,

in denen sich deine Seele einmal ganz kurz ausruhen darf.

Es sind Momente,

für die es sich zu leben lohnt.

Es sind Momente,

in denen du dir sicher sein kannst, dass sie immer wieder
kehren werden.

Es sind Momente,

in denen du nicht mit deinem Verstand entscheidest, sondern spontan aus deinem Bauchgefühl heraus.

Es sind Momente,

in denen du einmal ganz bewusst deiner Lust folgst.

Es sind Momente,

für die du gerne deine alltäglichen Routinen durch-
brichst, um Details deiner Umwelt für dich näher wissen.

Es sind Momente,

in denen dein Vertrauen in dich wächst und du dir mit gutem Gewissen zumuten kannst, weiter nach vorne zu schreiten.

Es sind Momente,

die dir zeigen möchten, wie sehr du geliebt wirst.

Es sind Momente,

die du kostbar schätzen darfst, um dich mit deinem Inneren verbinden zu können.

Es sind Sternmomente,

weil du einfach sein darfst.

- Lausche deiner eigenen Stille.

Angst

Sie war so unglaublich mächtig und ich habe immer darauf vertraut, dass es mich in irgendeiner Weise beschützen wird, sobald ich ihr folge.

Das Gefühl, es sei jederzeit notwendig, sie an meiner Seite zu wissen, hat mir über eine lange Zeit hinweg die größte Sicherheit gegeben.

Nie habe ich mich getraut, selbstständig Entscheidungen zu treffen, denn ich bin meist davon ausgegangen, es nicht alleine schaffen zu können, für mich zu sorgen.

Angst war in der Lage, sich unglaublich schnell in meinem ganzen Körper auszubreiten.

Manchmal begann ich zu zittern, weil die Flut an Gedanken einfach nicht auszuhalten war.

Es war nicht unüblich gewesen, schweißgebadet aufzustehen und den Tag mit Panikattacken zu beginnen.

Was würden andere Menschen über mich denken?

Bin ich angemessenes gekleidet, sodass ich ja nicht auffallen werde?

Noch nie hatte ich eine bewusste Erfahrung mit Ablehnung gemacht.

Warum also quälte mich solch eine Angst, nicht zu genügen?

„Erst wenn wir uns selbst nahe genug stehen,

ist es möglich,

auch im Außen einen Platz zu finden,

an dem wir uns wohlfühlen.“

Die Angst, nicht liebenswert genug zu sein, zerstörte mein Selbstvertrauen so sehr, dass bald nur noch Bruchstücke davon übriggeblieben waren.

Ich erlebte in jeder unangenehmen Situation eine mögliche Ablehnung als die Art von Todesurteil, bei der man sich am Ende nur noch fragt, warum man den Kampf überhaupt erst aufgenommen hatte.

Ich spürte in jeder Sekunde, wie die ganze Welt über mir zusammenzubrechen drohte.

Der Wunsch, diese unangenehmen Gefühle nicht mehr aushalten zu müssen, verstärkte sich.

Erinnere Dich:

Ängste dürfen deinen persönlichen Wert niemals so klein machen,
dass du den Glauben daran verlierst,
Besserung überhaupt noch zulassen zu können.

Ich versuchte ständig jegliche Gefühle zu kompensieren oder sie auszugleichen, da ich es nicht mehr ertrug, gelobt zu werden.

Die Erlaubnis, positive Emotionen zulassen und empfinden zu dürfen, fehlte.

- Das Leben hatte angefangen, mich immer mehr zu überfordern.

Ich begann unbewusst die Ereignisse zu vermeiden, bei denen es auch nur in irgendeiner Weise möglich gewesen wäre, Freude oder Stolz empfinden zu können.

- Es glich schon damals einer Art von Selbstbestrafung, der ich mir zu Beginn niemals bewusst war.

„Fast alles,

was wir tun,

hat nicht die Absicht,

uns zu zerstören,

sondern den Auftrag dazu,

*die aktuelle Version von uns selbst zu
überdenken."*

Ich spürte Sehnsucht nach Kontrolle und die Traurigkeit darüber, wie sehr mich meine Gefühle und Gedanken im Alltag beeinträchtigten.

All das fühlte sich ungefähr so an, als hätte mein Herz nicht mehr richtig schlagen können, weil es von all diesen Emotionen eingeengt wurde.

„Nur Gefühle sind in der Lage dazu,

Gefühle zu ändern.“

Es war wichtig wieder zu merken, wie es sich anfühlen kann, kurze Glücksmomente wahrzunehmen und wie schön es doch wieder ist, mit einem Lächeln den Tag zu beginnen.

- Ich musste lernen, wieder Genuss zulassen zu dürfen.

Vor allem aber musste ich mir zutrauen, meiner Vergangenheit zu vergeben.

Erinnere Dich:

Vergeben bedeutet vor allem,
zu verzeihen,
dass nicht alles dafür getan wurde,

um die Bindung zu halten und die Geschichte anders
ausgehen zu lassen.

Vergeben heißt nicht,
dass du in Kauf nehmen musst,
wie du behandelt wirst,
sondern dich zu entscheiden,
loslassen zu dürfen,
weil es so,
wie es gerade ist,
nicht zusammenpasst.

Irgendwann erlaubte ich mir anzunehmen, dass ich es damals nicht besser konnte und hörte auf, enttäuscht zu sein.

- So gelang es mir loszulassen.

Loszulassen von alten; schweren Lasten, die ich immerzu mit mir herumtrug und die keinen Raum für neues Gepäck übrigließen.

Ich wünsche dir von ganzem Herzen:

Verliere niemals den Glauben an dich selbst.

Genauso wie jeder andere Mensch auf dieser Welt,
darfst auch du dich schätzen,
so wie du bist.

Du bist es wert,
deine persönlichen Einschränkungen durch aufkommende
Angst so gering wie nur möglich zu halten,

um so deinem Lebensweg Stück für Stück wieder die Hand
reichen zu können.

Mit der Zeit verging das Gefühl, fehl am Platz zu sein und ich konnte verstehen, dass es für mich wichtig war, meinen Gedanken eine Überschrift zu geben.

- Ich konnte reflektieren, weshalb die Dinge so geschehen sind.

Meine Seele braucht etwas mehr Zeit, zu verarbeiten und dabei darf ich zulassen, unterstützt zu werden.

- Ich darf zulassen, dass schwere Gefühle hochkommen, die mir dabei helfen werden, zu heilen.

„Der innere Teufel kann nur dann

vertrieben werden,

sobald wir Angst durch Mut ersetzen.“

Ich darf stolz darauf sein, dass ich immer weitergekämpft habe, auch wenn es oft so verdammt weh tat.

…, dass ich nie die Hoffnung aufgab, wieder einmal ein unbeschwertes Leben führen zu können.

…, dass ich nun meinen Blick nach vorne lenke, mir aber trotzdem so manches Mal erlaube, mit Wehmut in meiner Herzgegend zurückzuschauen, und dass ich mir niemals die Schuld dafür gebe, wie alles gekommen ist.

- Ich bin dankbar, denn ich fühle wieder.

Erinnere Dich:

Nur wenn du zulässt,

wieder fühlen zu dürfen,

werden die Stimmen des Unterbewusstseins deutlich und irgendwann später,

werden sie für dich greifbar und verständlich werden.

Zeilen voller Emotionen

Der Schmerz möchte tief sitzen und nicht wegflitzen.

Er will raus, es ist doch nicht sein Haus.

Ich atme enge Luft, damit jede Energie verpufft.

Versuche so viel wie möglich zu verdrängen, mich nur bloß nicht zur Arbeit drängen.

Ich kann meinen Gefühlen doch nicht ihr Dasein erlauben.

Sie würden mir wieder einmal den Schlaf rauben.

Um sie endlich auszudrücken, muss ich die viele Zeit versuchen zu überbrücken.

Ständige Kämpfe werde ich mit mir selber führen, die mich wieder und wieder zu Tränen rühren.

Wie eine plötzliche Flut, kommen nun die Traurigkeit und Wut.

- Die gefühlte Einsamkeit tut mir nicht gut.

Ich sollte lieber nicht so viel denken, muss doch funktionieren und mein eigenes Leben lenken.

Habe große Angst, die Harmonie zu verlieren, um damit den Verlust zu akzeptieren.

Meine Kraft macht langsam schlapp; die verinnerlichten Ressourcen werden knapp.

Das wahre Leben verblasst; es scheint unwichtig und fast schon verhasst.

Ich will nichts mehr verpassen und mich nicht meinem Schicksal überlassen.

Mit drängenden Gedanken und fiesen Lügen, will ich
mich nicht selbst betrügen.

Ich darf nicht wieder fallen, muss mich an allem festkrallen.

- Aus Angst, dass mein Kopf zerplatzt und meine Seele komplett abkratzt.

War nie losgelöst, nur immer wieder eingedöst.

Ich möchte weniger spüren, doch es würde mir nur die Kehle zuschnüren.

Ich setze mir eine Frist, die mir schon fast egal ist.

Denn die alten Muster spenden Trost, meine Emotionen wirken dadurch verharmlost.

Ich brauche Schutz, denn das Ganze ist kein einfacher Rutsch.

Am liebsten möchte ich dieses Leiden rückgängig machen; nur wieder echt lachen.

Endlich einen ruhigen Platz finden, damit die ganzen Schmerzen verschwinden.

Ich darf mir erlauben zu fühlen, brauche nicht in alten Wunden herumwühlen.

Möchte meinem Leben einen Sinn geben und nach wahrem Glück streben.

Wieder innere Stärke erkennen, um vor nichts mehr wegzurennen.

Ich kann mir immer sicher sein,

- Ich bin nie allein.

Kontrolle

Ich kann mich nicht mehr genau daran erinnern; es ist zu lange her.

Doch ich glaube daran, dass mich bestimmte Zwangshandlungen schon in der frühen Kindheit begleitetet hatten.

Es schränkte allerdings mich noch zu wenig ein, als dass ich es überhaupt bewusst hätte wahrnehmen können.

Es waren lediglich Verhaltensmuster, die sich mit der Zeit festigten und für mich irgendwann nicht mehr zu verändern waren.

- Sie schlichen sich in mein Leben ich vertraute ihnen unbewusst.

Ich verlor mit der Zeit das Bewusstsein dafür, dass ich Gedanken nicht mehr alleine steuern konnte, sondern einen großen Anteil daran meine Zwänge besaßen.

„Schmerz,

der uns heute zum Kummer wird,

kann die Stärke sein,

die wir morgen tragen dürfen."

Es strengte mich unglaublich an, meinem Zwang gerecht zu werden.

Der Weg zur Schule war eine große Herausforderung und erschöpfte mich häufig so sehr, dass ich völlig erschöpft und kraftleer im Klassenzimmer ankam.

Nebenher den Lehrern zu folgen oder Gespräche mit meinen Freundinnen zu führen, war eine enorme Belastung gewesen.

Erinnere Dich:

Du musst in schweren Zeiten nicht alleine sein.
Du darfst dich bemerkbar machen.
Es muss dir niemals peinlich sein,
dich zu erklären

- Es wird immer Menschen geben,
die dich verstehen werden und bei denen du dich
aufgehoben fühlst.

All die Regeln, Vorgaben und Verbote bestimmten nun meinen gesamten Alltag.

Es waren fast unkontrollierbare Handlungen, die mit jedem weiteren Tag zur Quälerei für mich wurden.

Eine Stimme in meinem Kopf zwang mich, Dinge zu tun, die jederzeit ohne einen gesunden Menschenverstand abliefen.

Es gab keine Pausen und schon gar keine Ausnahmen.

Unglaublich stark war ich in der Macht gefangen, die die Krankheit über mich hatte.

Sie existierte in meinem Leben und war dabei, immer schneller einen noch größeren Raum einzunehmen, als sie es eh schon tat.

Es war so unglaublich schwer und erforderte immens viel Kraft, mich dieser Stimme zu wiedersetzen.

Die Befürchtung, etwas Furchtbares würde passieren, wenn ich keine der Zwänge ausführte, war längst zu einem bestimmenden Teil meines Lebens geworden.

- Ich hatte Angst um meine Familie; zum Schluss sogar um mich selbst.

„Wir werden nur dann schwach,

wenn wir zu langen stark sein mussten."

Für die allermeisten Menschen waren Geburtstage, Silvester und all die anderen Feste eine ausgelassene und freudige Zusammenkunft.

- Man wünschte sich viel Glück und Erfolg; jeder sollte beschützt und gesund bleiben.

Dass es jedoch für mich viele Jahren über Momente gab, in denen manchmal alle vertrauten Menschen um mich herum nur noch von Tag zu Tag hofften, schien damals nicht real zu sein.

All die Sorgen flossen an mir vorbei, wie in endlosen Filmen, in denen keinerlei Gefühle zum Ausdruck gebracht werden.

Meine Zwänge überforderten und erschöpften mich so sehr, dass ich mir alleine nicht mehr helfen konnte.

- Ein Leben in diesem Zustand war eigentlich unmöglich gewesen.

Erinnere Dich:

Gegen dich selbst anzukämpfen und Gefühle zu verdrängen,

kann deine Seele zerbrechlich machen und es wird anschließend umso schwerer werden,

wieder inneres Vertrauen zulassen zu können.

Vielleicht möchtest du gerade jetzt sagen,

dass dich etwas tief belastet und du eigentlich dringend Hilfe bräuchtest.

- Du darfst jederzeit gehört werden.

Ich empfand mein zwanghaftes Verhalten, als den einzigen Ausweg aus einem harten Kampf, den ich mit mir selbst führte.

Ich war mir meinem Zustand nicht bewusst und hatte keinen Zugriff mehr auf das Hirnareal, welches sich für meinen Verstand zuständig fühlen sollte.

Es war längst überlagert von Eindringlingen - Zwängen - die mir irgendwann meine gesamte Lebensqualität nahmen.

- Routinen waren in dieser Zeit, der einzige Halt, den ich annehmen konnte.

Sie gaben mir die Sicherheit, die ich nicht selbst für mich aufbringen konnte.

„Wir müssen stets aufpassen,

*uns nicht selbst in der eigenen Sicherheit
zu verlieren."*

Ich verlor jede Kontrolle, die ich mir so sehr erhoffte und dennoch spürte ich das intensive Vertrauen gegenüber den Zwangshandlungen, die mir jederzeit ein Gefühl von Geborgenheit und Schutz vermittelten.

- Jemanden an meiner Seite zu haben, der all meine Gefühle betäubte, wenn sie wieder einmal so unheimlich schwer auszuhalten waren und der mir Entscheidungen abnahm, die mich zu überfordern schienen, war kurzfristig eine große Entlastung für mich.

„Eigenverantwortung kann der Schlüssel
zur Freiheit sein,

sobald wir die Entscheidung dazu treffen,

uns selbst ein treuer Begleiter sein zu
dürfen."

Es war nicht leicht, irgendwann loszulassen und zu verabschieden, was mir lange Zeit doch so viel Positives gegeben hatte.

Ich versuchte mit der Zeit zu begreifen, dass mich diese Verhaltensmuster im Grunde nur noch mehr in innerliche Zerrissenheit und äußerliche Isolation bringen würden.

Anzunehmen, dass dies der Weg war, der mit guten Gründen für mich bestimmt war und den ich sicherlich anders gewählt hätte, wenn es mir damals möglich gewesen wäre, verschaffte mir Akzeptanz.

- Ich akzeptierte, dass es *mein* Weg war.

„Bunte Regenbögen könne nur dadurch entstehen,

wenn wir zulassen,

dass eine dunkle und schwere

Wolkendecke ihre Lasten fallen lassen darf."

Verständnis dafür aufzubringen, dass ich nicht schuld daran war, krank geworden zu sein, konnte mir innerliche Entlastung schaffen.

Ich merkte, dass ich mich nicht selbst dafür verurteilen muss, Hilfe gebraucht zu habe und in meinem Leben schon so manchen Umweg gegangen zu sein.

Vielleicht werde ich noch ein paar mehr Umwege brauchen und wahrscheinlich wird mein Leben nicht ganz so verlaufen, wie ich es mir erträumen möchte.

Erinnere Dich:

Du brauchst keine Angst vor der Zukunft zu haben oder deine
Vergangenheit bereuen.

Sei glücklich und stolz darauf,

dass du es durch eine schwierige Zeit geschafft hast,

an der du so enorm gewachsen bist.

Der Abgrund schien oftmals so nah unter mir zu sein, dass es manchmal wahrscheinlich leichter gewesen wäre, einfach hinunter zu stürzen.

- Manchmal braucht es jedoch Zeit, Geduld und vor allem Verständnis dafür, dass es gerade schwer ist.

Nur so wird mehr Kraft dafür gespart, den nötigen Halt zu suchen.

„Oft ist es besser nichts zu erzwingen

oder zu versuchen,

Kontrolle zu gewinnen.

Manchmal müssen wir einfach mutig

*vorangehen und die Dinge auf uns wirken
lassen,*

um zu erkennen,

*welche Wunder während der Reise auf
uns warten.“*

(Selbst-) Zweifel

Erinnere Dich:

Ähnlich wie in einem Bilderbuch,
ist es dir,
als Autor deines Lebens möglich,
jede einzelne Seite darin so unterschiedlich zu gestalten,
dass es jedes Mal spannend bleibt,
was sich wohl auf der Rückseite verbirgt.

Du darfst Glitzer darauf verteilen und die
unterschiedlichsten Stifte zur Hand nehmen,
um am Ende ein fertiges Kunstwerk in den Händen zu halten.

- Ich verspreche dir,
es wird auf deine Weise,
ganz kunterbunt werden.

Oft zweifelte ich in der Vergangenheit daran, ob meine Mitmenschen vielleicht stärker waren als ich es bin und ob es sich da überhaupt lohnte, mitzuhalten.

Bin ich etwas wert?

Werde ich gebraucht?

Wie definiere ich mich?

Darf ich mich zeigen?

Wäre es nicht schützender, ein Versteck zu suchen, in dem es mehr Sicherheit gäbe?

- Einen Platz, an dem mich die große weite Welt nicht finden und erreichen könnte; ich nur für mich blieb, ohne dass zu hohe Erwartungen und Pflichten an mich gestellt würden.

Die Angst und der große Respekt davor, etwas zu verlieren - mich zu verlieren – war groß.

- Ich wollte nichts fühlen oder aushalten müssen.

„Wir könne nur davonrennen,

doch irgendwann wird uns all das,

wovor wir uns eigentlich verstecken

wollten, einholen."

Meine Gedanken damals erinnerten an einen blutigen Kampf, bei dem nur der Stärkere gewinnen kann.

Er würde mit erhobenem Haupte davon schreiten und dem Geschwächten keine Beachtung mehr schenken, obwohl er sich doch eigentlich sicher war, dass es der kleine und ehrliche Gegner eher verdient hätte zu siegen.

- Ich wusste nicht, mit welchem der beiden Kämpfer ich mich mehr identifizieren konnte.

„Kämpfe sind ein Zeichen dafür,

dass wir die Wahl haben."

Jedes Mal, während eines Kampfes, da hörte ich diese kleine und zarte Stimme in meinem Hinterkopf wispern.

Ganz zaghaft flüsterte sie, ich könnte alles schaffen.

Ganz tief in mir drin, da würde ich es doch eigentlich so gerne wollen

- zu siegen.

Es war doch eigentlich mein Ziel gewesen, Spaß zu haben und meinen eigenen Lebensweg zu gehen.

Ich wollte nicht stehenbleiben, weil ich all das, was mir am Rande des Weges begegnen würde, mit in mein Gepäck aufnehmen könnte, um meine Reise fortzusetzen.

Mein innerer Kritiker darf auch in Zukunft noch an die Tür klopfen und um Einlass bitten, doch allein ich selbst werde bestimmen, ob ich ihn hereinlasse.

- Ich kann anbieten, ihm einfach nur zuzuhören.

Anschließend muss ich die Kraft aufbringen, zu sagen, dass ich ihn nun gerne wieder hinausbegleiten möchte, weil ich meine Ruhe brauche.

Ich darf entscheiden, für wie lange ich ihm meinen Raum anbiete und an welchem Tag, zu welcher Uhrzeit er vorbeikommen darf, sodass ich mich nicht ständig gestört oder überrumpelt fühlen muss.

„Wir können nur gewinnen,

wenn wir anfangen zu vertrauen."

Ich sollte nicht meine Bedürfnisse zurückstecken, nur weil er mir gerade einen Besuch abstatten möchte.

Ich brauche auch nicht seinen Aufpasser zu spielen, nur um zu gefallen oder damit er keine unschönen Dinge über mich ausspuckt.

Ich muss mich schlussendlich nicht dafür verurteilen oder beschämt fühlen, dass ich eben ab und einen Kontakt habe, der mir meinen Tag nicht ganz so angenehm gestalten wird.

- Es ist vollkommen okay, wenn nicht immerzu alles gleicht verläuft.

„Die einzigen echten Gegner im Leben
sind unsere negativ bewerteten

Gedanken."

Ich darf mir eine Stimme geben, die laut das fordert, was ich gerade fühle.

Ich darf mir außerdem Sicherheit verschaffen, indem meine Tür für unbestimmte Zeit abgeschlossen bleibt und ich darf stolz darauf sein, nun Strategien gefunden zu haben, die verhindern können, dass ich entgegen meiner Bedürfnisse handeln werden.

Jedes Mal dann, wenn ich es trotz dumpfen Türklopfern meines inneren Kritikers geschafft habe, eine hilfreiche Ablenkung einzurichten, darf ich mich selbst loben.

- Ich alleine kann dafür sorgen, eine vernünftige Bekanntschaft aus uns zu machen.

Erinnere Dich:

Es wird nichts passieren,
wenn du den Vorschriften oder Kommentaren,
die von deinem inneren Kritiker kommen werden,
keine Beachtung schenkst.

Einzig und allein, wird es dir langfristig damit besser gehen
und vor allem dabei helfen,
endlich einen autonomen Weg einschlagen zu können.

(innerlicher) Druck

Ich war mir sicher, so schnell wie nur möglich alles Erdenkliche aufholen zu müssen, um mir nicht noch weitere wunderbare Moment in der Zukunft entgehen zu lassen.

Ich hatte keine Lust mehr darauf, nur zu warten, dass sich etwas von alleine ändern würde und ich mich endlich frei fühlen könnte.

Mir fehlte die Kraft, Geduld zu haben, dass sich alles zum richtigen Zeitpunkt in die gerade Bahn lenken würde.

Schlussendlich verging mir a der Mut, immer darauf zu vertrauen, dass mir außenstehende Menschen helfen würden.

*„Wir sollten nicht auf ein zweites
Leben warten,*

*denn vielleicht ist dieses unser
letztes."*

Ich spürte den Anteil, der nicht ständig überlegen und abwägen würde, ob es das jetzt wert ist, einen einzigartigen und niemals wiederkehrenden Moment zu genießen.

...der offen und selbstbewusst auftreten würde, weil er genau weiß, dass er so wie er ist, nur richtig sein kann.

...der den Mut haben würde, zu erfahren, was es heißt, glücklich zu sein.

...der sich nicht vor großen Veränderungen fürchten würde.

...der die Kraft haben würde, sich selbst zu vertrauen, weil er sicher ist, genug Rückhalt zu haben.

...der nicht vor neuem Unbekannten zurückschrecken würde.

...der die alten Lasten mit Geduld aufarbeiten könnte.

...der es mit guten Gewissen wagen würde, seine eigene Meinung zu sagen und sie zu vertreten.

Erinnere Dich:

Es gibt einen Teil in dir,
der einfach loslässt und sich frei fühlen kann;
die Dinge geschehen lässt,
weil er sich sicher ist,
dass das Leben noch genug Geschenke bereithält,
von denen du jetzt keine Ahnung haben brauchst.

- Versuche ihn zu erwecken und vertraue darauf,
dass er es gut mit dir meint.

Der schmerzende Druck im inneren meiner Brust, der es mir so unendlich schwer machte, all diese Gedanken zu glauben, war jedoch nicht vergessen.

Im Gegenteil, er war immerzu präsent in meinem Bewusstsein und versuchte jede Gelegenheit zu nutzen, sich durchzusetzen.

Er ließ mich wieder und wieder an mir selbst zweifeln und machte sich manchmal einen Spaß daraus, wie sehr ich doch versuchte, zu kämpfen.

Erinnere Dich:

Der Prozess des Erwachsenwerdens und auch der,
jeder anderen Entwicklung ist eine enorme
Herausforderung für dein ganzes Wesen.

Du darfst also,
besonders in diesen Zeiten,
gut zu dir sein.

Manchmal hatte ich Angst davor, niemals mehr meine eigene Wahrheit leben zu dürfen, weil es mir so schwerfiel, an mich zu glauben.

Ich wollte daran nicht irgendwann kaputt gehen müssen, dass ich so unglücklich war und ich wollte auch keinesfalls zusammenbrechen, weil meine Seele diese Unruhe nicht mehr länger aushalten konnte.

- Ich hatte die Befürchtung, nicht akzeptiert oder gesehen zu werde, weil ich mich doch so anders fühlte.

„ Vielleicht sind wir auch dazu geboren,

das zu schaffen,

was uns glücklich macht,

und nicht das,

was wir glauben tun zu müssen.“

In der Phase einer jeden Entwicklung ist unser Leben ungefähr so vergleichbar leicht, wie das, einer Pusteblume.

Oft genug wird eine Meeresbriese an ihr vorbei wehen, sie stoßen und ein paar ihrer wenigen Samen fortwehen.

Dorthin, wo sich diese jungen Samen neu setzen werden und zu einer eigenen, wunderschönen und selbstständigen Blume heranwachsen.

Auf dem Weg durch die weiten Lüfte wird der Samen an idyllischen Bächen und Seen vorbeikommen und sich vielleicht sogar mal für eine kurze Weile dort niederlassen, weil es einfach guttut und neue Kraft gibt, zu entspannen.

 – Warten auf den nächsten Wind.

Die Reise des Samens wird sich auch über stürmischen Ozeanen fortsetzen und er wird manchmal bereuen, sich damals überhaupt losgerissen zu haben.

Das Gute daran ist, dass dieser einzelne Samen auf seinem Flug niemals alleine sein wird, sondern jederzeit die Möglichkeit hat, nach Hilfe oder auch nur nach Gesellschaft zu rufen.

Er muss nämlich nicht von jetzt auf gleich diese lange und unglaublich anstrengende Reise schaffen.

Denn er wird vorbereitet, begleitet und schlussendlich an einem neuen Platz liebevoll, vielleicht bei herrlichem Sonnenschein aufgefangen werden.

Er wird neue Freunde finden, und vielleicht kommen ihn seine alten Bekannten auch einmal besuchen, weil sie einen ähnlichen Weg einschlagen.

Erinnere Dich:

Sobald du dich fallen lässt;

los fliegst und immer mehr lernst,

mit dem leichten, kühlen Wind zu schweben,

brauchst du keine Angst davor zu haben,

ganz plötzlich herunterzufallen.

Du darfst dich darauf einlassen und vor allem neugierig sein,

wann sich deine Flügel in schimmernde,

leuchtend helle Farben verändern werden und wie sehr du dieses Gefühl der Freiheit irgendwann genießen kannst.

(emotionale) Abhängigkeit

Sie hat Schutz geboten und mir das Gefühl gegeben, etwas Besonderes zu sein.

In manchen Momenten hätte ich sie am liebsten ganz weit ins Universum geschossen, weil sie mir wieder einmal einen wunderschönen neuen Augenblick in meinem Leben kaputt machte.

Dennoch hatte ich das Gefühl, nicht mehr ohne sie leben zu können

- Es hätte ein Teil von mir gefehlt.

Die Angst, ohne sie alleine und hilflos zu sein war so mächtig.

- Hallo Magersucht.

Ihre zuerst noch so sanfte Stimme versicherte mir, ich hätte etwas Großes geschafft, sobald ich kein Essen zu mir nahm und ich könnte stolz darauf sein,

Disziplin und Stärke bewiesen zu haben.

Sie zwang mich, meine Bedürfnisse zu ignorieren und ihnen zu wiederstehen.

Irgendwann wurde ihr zaghaftes Stimmchen jedoch zu einem ohrenbetäubenden Gebrüll.

Sie ließ mich Tag ein, Tag aus gegen mich selbst kämpfen und sah regelrecht dabei zu, wie ich innerlich mehr und mehr daran kaputt ging.

„Wir sollten nicht alles glauben,

was wir denken.“

Zahlen waren treue Begleiter in Zeiten meiner Essstörung.

Sobald ich nur einen Fuß auf die Waage setzte, pumpte mein Herz schneller und meine Atmung wurde flacher.

- Nur keine unnötige Luft einatmen, die mich noch schwerer machen könnte.

Jeder Gang auf die Waage wurde zu einer Panikattacke, bei der ich oft völlig verzweifelt anfing zu weinen und mich selbst zu hassen.

Am Liebsten wollte ich ganz weit weglaufen und sie einfach nie wiedersehen müssen.

Ich wollte und konnte diesen Zahlen nicht begegnen, bei denen ich mir so sicher war, dass sie mich nur noch mehr von mir selbst entfremden würden, als ich es ohnehin schon war.

Gleichzeitig war da diese Sucht, die es mir damals fast unmöglich machte, zu wiederstehen.

Es war Stärke und Stolz, sobald die Zahl kleiner und ich leichter wurde.

An anderen Tagen war Schwäche und Erniedrigung, wenn es auch nur ein paar hundert Gramm mehr waren.

- Es begann ein unglaublich starkes Machtspiel, was tagtäglich zwischen der Magersucht und meinem gesunden Anteil stattfand.

All das machte es mir so schwer, nur ein paar Minuten andere Gedanken zulassen zu können und nicht ständig an den gleichen Themen hängenzubleiben.

Erinnere Dich:

Du darfst deine Gedanken zu Wolken machen,

die sanft an dir vorbei schweben und die dich einfach sein lassen,

so wie du bist.

Oft wurde ich wütend, wenn ich nur daran dachte, mich von dieser inneren fremden Stimme wie eine Marionette behandeln zu lassen.

Die Machtlosigkeit, die ich fühlte, sobald ich mir vorstellte, meinen weiteren Weg wieder alleine bestreiten und mich von ihr losreißen zu müssen, verursachte jedoch noch größere Panik.

- Ich suchte Halt, denn sie gab mir die Kontrolle, die mir irgendwann komplett entglitt.

Jedes Mal, wenn ich zu fallen drohte, fing sie mich mit schützenden Händen auf und ich fand Zuflucht vor Dingen, die mir unheimlich erschienen.

- Bei niemandem sonst konnte ich mir je sicherer sein, nie verlassen zu werden, wenn ich es nicht möchte.

Erinnere Dich:

Du darfst dir selbst ein Beschützer sein.

Nach einigen Therapieversuchen und der wirksamen Konfrontation mit meinen versteckten Gefühlen, verstand ich, dass nur ich ganz allein das Recht über meinen Körper und meinen Wert hatte.

Ich lernte, was es bedeutet, fallen zu dürfen und dabei trotzdem nie den Blick nach vorne zu verlieren, denn ich wollte keinesfalls, dass meine Zukunft in den Händen der Krankheit liegt.

„Mutig zu sein kann uns den Prozess des Umdenkens erleichtern."

Die Hoffnung, dass mein Selbstvertrauen noch nicht vollkommen verloren gegangen war und ich keine Angst mehr davor haben brauche, in Zukunft für mich selbst zu sorgen, wurde immer größer.

Auch der Wunsch, meinen Weg wieder ohne hinderliche Begleitung fortsetzen zu können und dass mich niemand mehr daran hindern würde, meine ganz eigene Persönlichkeit zu entwickeln, kam nun deutlicher zum Vorschein.

„Sobald wir unseren eigenen

Bedürfnissen folgen,

können wir wahres Glück teilen."

Meine Anspannung erreichte häufig ein so hohes Level, dass mein Körper verweigerte, stark zu sein.

Auch meine Psyche ertrug es nicht mehr, dauerhaft im Konflikt zwischen mir und der Krankheit zu stehen.

Wenn ich ehrlich bin, dann fühlten sich diese starken Meinungsverschiedenheiten oft mindestens genauso schlimm an, wie ein strukturierter Tagesplan, den mir die Essstörung vorgab.

An solchen Tagen, an denen die Essstörung bestimmte, was auf meinen Teller kam, musste ich nicht bei jeder Mahlzeit die Entscheidung treffen, gegen ihren Willen zu handeln.

- Ich gab mich einfach meinem Schicksal hin, ohne dass die Gedankenschleife endlos wurde, weil ich mir mein Recht erkämpfen musste.

„Wen wir aufgeben bedeutet es nicht,

dass wir versagt haben,

sondern dass wir dazu bereit sind,

neu anzufangen.“

Obwohl mein gesamter Körper mit all seinen Organe stark gelitten hatte, konnte ich mir nie ganz sicher sein, ob ich es schaffen würde loszulassen.

Mit jedem weiteren Tag, an dem es mir unglaublich schwerfiel, mich den Anforderungen der Krankheit zu wiedersetzen, quälte ich nicht nur meine Psyche, sondern zunehmend auch meine physische Gesundheit.

Viel zu häufig überhörte ich jegliche Signale meines Körpers und konnte sie irgendwann schon fast gar nicht mehr wahrnehmen.

- Ich hatte aufgehört, meinem Körper zu vertrauen, weil die Worte der Magersucht viel stärker waren, als dass ich dazu bereit gewesen wäre, mein Verhalten zu ändern.

Erinnere Dich:

Häufig ist es nicht der einfachste Weg,
der dich am Ende glücklich macht.

Oft genug brach mein Kreislauf zusammen, weil ich mir verbot, Flüssigkeit zu mir zu nehmen und auch mein Bauch knurrte meist so heftig, dass ich enorme Schmerzen verspürte.

- Ich war nicht mehr in der Lage, mir selbst ausreichend Nahrung zu geben.

Mein Bewegungsdrang zwang mich sowohl in Sommermonaten, als auch in der Winterzeit bis zu völligen Erschöpfung Sport zu treiben, sodass mein Körper längst am Ende seiner Kräfte war.

Tag für Tag versuchte ich der Essstörung gerecht zu werden, um abends ohne Schuldgefühle einschlafen zu können.

- Ich vergaß dabei, dass sich all diese unmenschlichen Forderungen gegen meine eigenen Bedürfnisse richtete.

„Lieber Körper,
es tut mir leid."

Ich musste aufstehen und meine Krone richten, um weiter für mein Leben zu kämpfen, dass ich ihm mehr als schuldig war.

Ich musste mich auf den Weg machen, um unser verloren gegangenes und gegenseitiges Vertrauen zurückzuholen.

- Wir waren doch zuvor immer ein gutes Team gewesen.

Erinnere Dich:

Erst wenn du stolperst,
wirst du achtsamer deinen Weg fortsetzen können und all den
wunderschönen Blumen am Rande mehr Beachtung schenken.

- Es sind Zeichen, die dich leiten.

Dieser Moment, in dem es ganz einfach „klick" macht und ich von jetzt auf gleich bereit war, meine Gedanken einmal komplett umzukrempeln, den gab es nicht.

Es waren viel mehr die Kleinen und unscheinbaren Situationen, durch die ich wieder erfuhr, wie wertvoll es sein kann, all die Energie nur für mich haben zu dürfen.

Mit jedem weitere Mal, an dem ich mir nicht mehr krampfhaft verbot, von Herzen lachen zu dürfen und all meinen Gefühlen, egal ob freudig, traurig oder wütend, ihren gewollten Raum bot, konnte ich mich selbst wieder spüren lernen.

- Und es fühle sich großartig an.

Ich erkannte, dass dies die einzige und beste Möglichkeit war, mit meinem Körper und meiner Seele wieder Frieden zu schließen.

Erinnere Dich:

„Du musst nicht essen, um zu gefallen,

um Erwartungen zu erfüllen,

um Hoffnung zu geben,

um vorwurfsvollen Blicken zu entgehen,

um etwas zu beweisen oder um stark zu sein.

Du musst nicht essen, weil du dich nicht zerstören darfst,

weil du nicht sterben darfst,

weil es schade um deine Fähigkeiten und Talente wäre,

weil es normal ist,

weil es gut für dich ist,

weil du dankbar sein solltest, überhaupt etwas zu essen zu haben, oder weil andere deine Hilfe brauchen.

Du musst nicht essen, wenn du es nicht möchtest!

Aber du darfst essen!

Du darfst essen, um leben zu können,

um Schönes erleben zu können,

um wieder echtes Lachen zulassen zu können,

um genießen zu können,

um im Frühling sprießende Knospen sehen zu können,

um dem Vogelgesang im Sommer lauschen zu können,

um mich an herbstlichen bunten Farben freuen zu können,

um im Winter weiße Flocken vom Himmel rieseln sehen zu können,

um barfuß am Meer entlang gehen zu können,

um den frischen Wind mit deinen Haaren spielen lassen zu können,

um klare Luft oder Düfte einatmen zu können,

um Bälle in Tore einnetzen zu können,

um Nächte zu Leben erwecken zu können,

um auf der Schaukel sitzen und in den Sternenhimmel blicken zu können,

um Energie zu haben,

um eine Freundin/ein Freund sein zu können,

um Freunde wieder treffen zu können,

um interessante Dinge erforschen zu können,

um im Takt zur Musik tanzen zu können,

um mit den Klängen eines Klaviers träumen zu können,

um mit Farbe und Pinsel kreatives zaubern zu können.

Du darfst essen, weil du ein Herz hast, das du magst, weil du dich gernhaben darfst und weil du einmalig bist.

Du darfst essen, wenn du möchtest."

Hochsensibilität
&
Hochsensitivität

Die besonderen Wesensmerkmale, mehr zu wahrnehmen und/oder fühlen zu können, besitzen nur einige wenige Menschen auf dieser Erde.

Du darfst in dich hineinspüren und wenn sie da sind, dann darfst du sie kennenlerne.

Diese Gabe bedarf genügend Ruhe und Zeit, damit du lernen kannst, wie du am besten einsetzt, was dich zeichnet, ohne dich dabei zu überfordern.

Diese feinsten Antennen genau wahrzunehmen, fordert außerdem einiges an Übung.

Es ist wichtig, zu erkennen, welche Facetten für dich dadurch zum Vorschein kommen, die du für dich nutzen kannst und die dein Leben bereichern können.

„Die Außenwelt ist ein Spielplatz unserer Gedanken,

auf dem jedes Mal erneut unzählige

Trigger warten,

mit denen wir uns konfrontieren müssen,

damit sie sich ein nächstes Feld suchen.“

Lange wusste ich nichts von meinen besonderen Merkmalen und schämte mich dafür, wie sehr ich manche Dinge überbewertete, einfach weil ich zu viel gefühlt und wahrgenommen habe.

Es gab unzählige Momente, in denen ich meinen Mitmenschen gerne mitgeteilt hätte, was in mir vorgeht, damit sie verstehen, dass ich besonders und nicht anders oder falsch bin.

Erinnere Dich:

Du darfst den Gedanken,
dich optimieren oder anpassen zu müssen,
sofort verwerfen.

Ich verlangte nicht, dass mich andere Menschen bemitleiden.

Ich wollte auch nicht, dass ich mit Vorsicht behandelt werde, oder dass sie mich verstecken, nur um mich zu schützen.

Jede Überlegung, wie ich innere Ruhe vor zu vielen Reizen schaffen konnte, scheiterte immer wieder am gleichen Punkt:

Wie sollte ich anderen mitteilen, was ich brauchte, wenn ich mir nicht einmal selbst eingestehen und erlauben konnte, nach Verständnis zu bitten?

Wie sollte ich gute Vorsätze bewältigen, wenn ich mir ständig anhören musste, dass ich mich einfach nur mal zusammenreißen brauche?

Ich bekam Dinge zu hören, die mich emotional verletzten.

- Dabei wollten doch alle nur versuchen zu helfen

„Es ist kein bloßes reinsteigern in

Situationen,

die neu sind,

*sondern eine unglaublich schnelle
Reizaufnahme und Weiterleitung über
alle Sinne."*

Das Gefühl, eine zweiwöchige Bergwanderung mit tausenden Höhenmetern innerhalb kürzester Zeit und bei hohen Temperaturen hinter mich gebracht zu haben, erschöpfte mich.

- Der innerliche Druck, genügen zu müssen, war immer mit im Gepäck gewesen.

Meinem Körper und auch meiner Psyche fehlte die Kraft, um Momente zu überstehen, die unendlich wirkten.

Die Angst, dass meine Stärke zu schwinden beginnt und ich in Selbstabwertungen zu versinken drohe, verursachte zusätzlichen Stress.

Erinnere Dich:

Der Schritt, wieder mehr Vertrauen in dich und deine besonderen Fähigkeiten aufzubringen ist jederzeit hilfreich, damit eine Zusammenarbeit von Körper und Seele wieder möglich wird und im Einklang geschieht.

(Eigen-) Verantwortung

Vergangenen Winter, als es draußen kalt und ungemüt-
lich wurde und eine Jacke nicht mehr ausreichte, da
wurde ich nachdenklich.

Nachdenklich darüber, was meine Geschichte eigentlich
mit meiner Familie gemacht hatte.

Einige Jahre lang war spätestens gegen halb acht Uhr abends mein Tag zu Ende.

- Ich legte mich depressiv in mein Bett.

Manchmal wünschte ich meinen Eltern eine gute Nacht, damit sie nicht schon wieder fragten, was denn mit mir los sei.

Die Erkrankungen raubten mir irgendwann meine letzte Kraft, mit der ich vergeblich versuchte, alle davon zu überzeugen, es gehe mir gut.

- Ich wurde wortwörtlich immer weniger.

Sowohl innerlich als auch äußerlich verlor ich jede Lebenskraft und überdeckte die wahren, zugrundeliegenden Probleme nur noch mehr mit destruktivem Verhalten.

Keinen einzigen Gedanken verlor ich dabei an meine Mitmenschen.

Zu sehr war ich damit beschäftigt, mich selbst irgendwie aushalten zu können.

„Wir müssen nicht lernen,

mehr aushalten zu können,

sondern nicht mehr alles zuzulassen,

was uns Kraft nimmt."

Mit meinen Eltern einen Film zu schauen oder meinen Bruder nach seinem Tag zu fragen, war nicht mehr möglich gewesen.

Stattdessen vergrub ich mich oft weinend unter der warmen Bettdecke in meinem dunklen Zimmer.

Ich schämte mich dafür, wie sehr meine Familie doch darunter litt und fühlte mich so unglaublich schuldig dafür, wie sehr sich alle um mich sorgten.

Mich beschäftigten die Gedanken, in wie weit sich in Zukunft das Leben meiner Familie verändern würde und ob ich vielleicht sogar dazu beigetragen habe, dass wir nie wieder eine glückliche Familie sein werden.

- Ich stand im Mittelpunkt, obwohl ich doch genau das von Anfang an vermeiden wollte.

Erinnere Dich:

Du alleine darfst dir die Erlaubnis dazu geben,
dein Gedankenkarussell anzuhalten,
um aussteigen zu können.

Ich stellte in jeglichen Bereichen solch hohe Anforderungen an mich selbst, sodass es früher oder später zu Überforderung und Verzweiflung kam.

Permanent dachte ich darüber nach, wie die Zukunft aussehen würde, anstatt meine Gegenwart zu akzeptieren.

- Im hier und jetzt zu leben wurde zunehmend ein großes Problem.

Es schien doch gerade alles so unheimlich sicher und schützend, als dass ich es für etwas Ungewisses, ja vielleicht sogar für etwas Beängstigendes aufgeben wollte.

„Vielleicht sollten wir öfters daran

denken,

wie gut es uns eigentlich geht und warum
wir genau davor manchmal so eine Furcht
haben."

(Selbst-) Vertrauen

Viel zu oft bin ich gefallen und habe mir dabei etliche Wunden zugefügt, die bis heute nicht vollständig heilen konnten.

- Ich gab manchmal fast die Hoffnung auf, dass ich mich irgendwann einmal wieder als glücklich sehen und mein Leben wieder als lebenswert empfinden könnte.

Erinnere Dich:

Zuversicht vergeht,

sobald du ihr Licht ausschaltest und so den Glauben an dich selbst verlierst.

Als ich bald im Umgang mit meinen Bedürfnissen freier wurde; sie wahrnehmen und größtenteils befriedigen konnte, wurde mir klar, dass es damit allein nicht getan war und meine Geschichte einen zweiten Teil haben muss.

- Meine Gefühle kamen zurück und mit ihnen das Problem, sie richtig einordnen zu können.

All die vergangenen Jahre war ich zu sehr damit beschäftigt gewesen, schmerzhafte und unangenehme Gefühle erfolgreich zu verdrängen.

Manche waren zu stark gewesen, als dass ich sie noch ein weiteres Mal hätte durchleben können.

„Es war ein Aufschieben der Gefühle;

ein vergessen wollen und ein

Schutzmechanismus,

der funktionierte."

Ich darf mir nun erlauben, zuversichtlich in die Zukunft zu blicken und nicht in meiner Vergangenheit stecken zu bleiben.

- Emotionen lassen sich nicht für immer einsperren.

Ich darf loslassen und darauf vertrauen, dass diese Lasten der Gefühle an einem besonderen Platze gut aufgehoben sind.

Denn ich möchte nicht mehr dahin zurück, als mich mein Leben kurzzeitig verlassen hatte und ich ihm nicht mehr trauen konnte.

„Lasten aus der Vergangenheit werden in der Gegenwart aufgearbeitet und haben keinen Platz in unserer Zukunft

verdient."

Ich wusste manchmal nicht, welchen Weg ich am besten einschlagen sollte, der mich sicher zu einem Ort bringen würde, an dem ich entspannt sein darf.

Ich wollte den kühlen Windhauch einatmen, bis mein Herz wieder langsamer pumpen und voller durchblutet sein konnte.

Am liebsten wäre ich so lange dort sitzen geblieben, bis meine Lunge genügend Kraft aufgenommen hätte, um mir in jeglichen Bereichen wieder Ausdauer erlauben zu können.

Erinnere Dich:

Bewusstes, langes ein- und Ausatmen,
kann das Bindeglied zwischen deinem Körper und Geist
sein.

- Schenke dir Ruhe.

Es waren viele Dinge einfach ganz selbstverständlich geworden, die ich jeden Tag vollbrachte.

Dennoch bewunderte ich bei allen anderen Menschen genau das, was für mich keinen Wert hatte.

- Mein rationales Denken wurde dabei konsequent ausgeschalten und meine Emotionen häuften sich zu einem hohen Berg, an dessen Spitze das Endergebnis auf mich wartete.

Ich merkte nicht, dass ich mir die Höhe des Berges meist selbst gestaltete und meine Erwartungen auf ein Level stellte, welches ich niemals hätte bewältigen können, ohne mich nicht krankhaft unter Druck zu setzten.

„Innere Zufriedenheit,

wird anschließend dafür sorgen,

dass wir auch im Außen unsere Erfüllung
finden können."

Vielleicht waren solche Momente, in denen ich mich von mir selbst gekränkt fühlte, genau die wertvollen Sternmomente, die sich zwar so erdrückend und schwer anfühlten, mir aber zeigten, dass ich lebendig und dynamisch bin.

…, dass ich eine Vielfalt in mir habe und sowohl bedrückende, als auch freudigere Gefühle empfinden kann.

Ich kann sowohl solche Momente haben, in denen ich aushalte, wie der Boden unter mir wegbricht, als auch jene Momente, in denen ich spüre, wie weit ich schon gekommen bin und welche Vielfalt ich bereits in mir zulassen konnte.

– Beides ist zusammen möglich.

Erinnere Dich:

Es ist jederzeit notwendig,

hinzuschauen und zu verstehen,

dass es keine Schwäche ist,

Gefühle zuzugeben

und Hilfe oder Zuneigung zu brauchen.

- Es bedeutet enorme Stärke,

Emotionen wertzuschätzen und so deinem Inneren mehr Raum bieten zu können,

um zu heilen.

- Erlaube auch du dir, großes Vertrauen zu schaffen.

Es wird dich dabei unterstützen, Dinge geschehen zu lassen und vielleicht einfach mal nur den Beobachter deiner Gedanken spielen zu können.

Immer dann, wenn deine Seele dir etwas zeigen möchte und du versuchst, es wegzudrücken oder innerlich abzulehnen, wird sie noch lauter rufen müssen.

Erinnere Dich:

Du darfst deine Seele erleichtern und jederzeit Menschen an die Hand nehmen,

bei denen du dich mit diesen Sorgen nicht so sehr alleine fühlst.

Du darfst zulassen,

dass es gerade schwer ist und trotzdem liebevoll mit dir selbst umgehen.

Versuche innere Leere zuzulassen, die dir vorsichtig zeigen möchte, dass du dir gerade zu viel zugemutet hast und deine Gefühle eine Pause brauchen, um nicht zu überschwemmen.

Nimm deine Angst an, die dich eigentlich nur liebevoll schützen möchte und erkenne, wozu du sie brauchen könntest.

Du darfst akzeptieren, dass deine ganz persönlichen Erinnerungen da sein dürfen und Emotionen verursachen.

Schätze deine Ecken und Kanten, die dir deine wertvollen Grenzen deutlich machen.

„Nur wer Geduld hat,

vertraut darauf,

dass es irgendwann gut werden kann,

wenn die Zeit reif ist."

Schlussworte

Es gibt einen Song, bei dem ich zutiefst berührt bin und der mich immer noch jedes Mal nachdenklich macht, wenn ich in einem ruhigen Moment Kopfhörer aus meiner Tasche krame und beginne, ihn abzuspielen.

Die US - amerikanische Singer - Songwriterin Christina Perri singt in ihrem Stück „Human" über die Vielfalt der Menschheit und all die Grenzen, die damit einhergehen.

Sie erzählt schonungslos davon, wie oft wir immer und immer wieder die gleichen Dinge tun, nur damit wir nach außen stark wirken, um uns vor anderen zu behaupten.

In Wirklichkeit aber, können wir jederzeit daran zerbrechen, wenn sich erneut unzählige, spitze Messerstiche durch unser Herz bohren, die wir niemals verdient haben.

Es ist uns möglich, einen Modus einzuschalten, in dem wir wie so funktionieren können, wie eine Maschine.

- Wir sind also immer dazu bereit, heute etwas anderes zu produzieren als gestern.

Irgendwann jedoch, da wird der Moment sicher kommen, an dem wir hoffentlich erkennen werden, dass wir doch eigentlich (nur) Menschen sind.

„Wir können nicht dauerhaft das Gewicht der

ganzen Welt tragen."

Liebe Christina,

auch wenn du dieses Buch wahrscheinlich niemals lesen wirst, möchte ich dir einmal von Herzen danken.

Danke, für diese ehrlichen Zeilen, umhüllt von wärmender Musik und einer zarten Stimme, die doch so unendlich viel Stärke in sich trägt.

Deine einzigartigen, aneinandergereihten Worte haben mich in der wohl schlimmsten und kräftezehrendsten Zeit meines Lebens stets begleitet und mir Tag für Tag neuen Mut gegeben.

- Mut, niemals meine Ziele aus den Augen zu verlieren.

Ich kann dir nun mit Gewissheit sagen, dass sich all das mehr als gelohnt hat.

Eine weite und holprige Strecke zu gehen, auf der ich erfuhr, wie es sich anfühlen kann, einfach (nur) Mensch sein zu dürfen, war definitiv ihren Weg wert.

„Es ist nicht immer von Bedeutung,

wohin dein Weg führt,

sondern mit wem du ihn gehst."

Als Abschluss meiner Geschichte möchte dir als Leser noch einmal die wunderbaren, neue Glaubenssätze mit auf den Weg schicken, bei denen ich mir wünschen würde, dass du sie nun Stück für Stück annehmen kannst.

- Erlaube dir, einfach nur Menschen sein zu dürfen.

Es kann passieren, dass in einer nahezu ausgelöschten Gefühlswelt mal kein einziger Hoffnungsfunke mehr auf Lichtpunkte trifft.

- Verzweifle nicht.

Du darfst dich selbst liebevoll an die Hand nehmen und deiner entkräfteten Seele trauen zu heilen, denn die unendlich erscheinende Gedankenkette in deinem Kopf darf für unbestimmte Zeit pausieren.

Du hast das Recht, dein Spiegelbild mit Stolz zu betrachten und deine individuelle, vollständige Erscheinung wertzuschätzen.

„Meist ist ein Ende kein dunkles Tor,
durch das wir treten."

Es ist die Veränderung des eigenen

Blickwinkels und ein Umdenken unseres
Handelns."

Danksagung

Mama.

Danke, dass du an jeder Tageszeit für mich da bist und auch nachts merkst, wenn mich etwas bedrückt.

Danke für die Momente, in denen du mich einfach in den Arm nimmst und ich meine Sorgen mit dir teilen kann.

Danke, dass du mich so bedingungslos liebst wie ich bin, auch wenn es nicht immer ganz leicht war.

Danke, dass du mir immer wieder zeigst, wie wichtig der Rückhalt und die Liebe einer Familie ist.

- Danke, dass ich wohl ein echtes Glückskind bin.

Papa.

Danke, dass du immer an mich glaubst.

Danke, dass du mich daran erinnerst, mich nicht von Kleinigkeiten unterkriegen zu lassen.

Danke, dass ich bei dir etwas Besonderes sein darf.

Danke, für deine ehrliche Meinung und den Rat, wenn ich mal nicht weiterweiß.

Danke, für unsere wunderschönen, gemeinsamen Erlebnisse.

Danke, dass ich immer auf dich zählen kann.

– Du bist für immer mein größter Held.

Moritz.

Danke, dass du mich auf deine ganz eigene Art und Weise zum Lachen bringst, wenn ich wieder einmal vergessen habe, wie es funktioniert,

die Mundwinkel nach oben zu ziehen.

Danke, für die Nähe und deine unausgesprochenen Worte, die ich jederzeit verstand.

Danke, dass meine Kinder einmal einen wundervollen Onkel haben werden.

- Ich werden dir immer zur Seite stehen.

Frau Dr. Schmidt - K.

Danke, dass ich sie am Anfang hassen durfte.

Danke, dass Sie nie aufgegeben haben, mir doch irgendwann helfen zu können.

Danke, für all die Wasserfarben Bilder, die wir gemeinsam gemalt haben, damit ich Ihnen endlich vertrauen kann.

Danke, dass Sie an mich geglaubt und mir immer wieder gezeigt haben, wie sehr ich es verdiene, zu leben.

Danke, dass Sie von Anfang an, ein wichtiger Rückhalt für meine Eltern waren.

- Danke, für Ihre Begleitung auf meinem Weg zurück ins wunderbare, bunte Leben.

Herr G. Schmitt.

Danke, dass sie mir gezeigt haben, wo meine Grenzen sind.

Danke, für Ihre ganze Aufmerksamkeit.

Danke, für all die liebevollen Gesten.

Danke, dass ich mich auch ohne Worte bei Ihnen immer verstanden gefühlt habe.

Danke, für unzählige Telefonate, in denen Sie mir Trost gespendet haben.

Danke, für die Überstunden, in denen Sie bis zum Schluss versucht haben, meine Anspannung zu regulieren.

Danke, dass ich bei Ihnen einfach weinen durfte.

- Danke, für Ihre Zeit.

KJP - Team.

Danke, für all die wunderbaren Erfahrungen, die ich jeder einzelnen Therapieform machen durfte.

Danke, dass ich in der Ergotherapie aus Steinen und Holz, meine Gefühle schnitzen dufte.

Danke, dass ich in der Musiktherapie mit Klängen des Klaviers endlich Entspannung und innere Ruhe fand.

Danke, dass ich mein Innenleben malerisch zu Papier bringen und dabei einfach schweigen durfte.

Danke, dass ich durch die Sporttherapie wieder eins mit meinem Körper wurde und meinen Gedanken eine Auszeit gönnen konnte.

Danke, dass ich durch regelmäßige Massagen, erfahren durfte, wie sehr mein Körper Zuneigung braucht.

Danke, dass ich durch all die unzähligen Gruppentherapien erlernt habe, mehr auf mich zu achten.

Danke, dass ich sämtliche Strategien an die Hand bekommen habe, um Selbstverantwortung tragen können.

Danke, an all die herausfordernden Expositionstrainings, mit denen ich mir immer mehr zutraute, wieder Spaß und Freude zu empfinden.

Danke, an alle Betreuer, die mich mit lauter Musik geweckt haben, um mir zu zeigen, warum es sich lohnt, jeden Tag neu aufzustehen.

Danke, für all die lustigen Momente, die mir mein Lachen zurück gezaubert haben.

Danke, für lange Spaziergänge und all die Gespräche bis tief in die Nacht.

- Danke, dass ihr alle ein Teil meiner Reise ward.

Corinna.

Danke, dass du dich jederzeit für mich eingesetzt hast.

Danke, dass du die Kraft besaßt, auch in unglaublich schweren Zeiten, an meiner Seite zu sein.

Danke, dass du mir dabei geholfen hast, über mich hinaus zu wachsen.

Danke, dass wir bei herrlichem Sonnenschein zusammen Eis gegessen haben.

Danke, dass du mich in Ruhe gelassen hast, wenn ich Zeit brauchte.

Danke, dass du immer ehrlich gesagt hast, was du denkst.

Danke, dass ich auch mal sauer auf dich sein durfte, ohne dass du mir böse bist.

Danke, dass du mir oftmals den Spiegel vorgehalten hast, in den ich nicht schauen konnte.

- Danke, dass du da bist.

Ella.

Danke, dass wir uns zur „richtigen Zeit" am „richtigen Ort" begegnet sind.

Danke, dass du mir dein Vertrauen schenkst.

Danke, für dein offenes Ohr.

Danke, für die wunderschönen Treffen in gemütlichen Cafés unserer Stadt.

Danke, dass ich mit dir Lachen kann.

Danke, für deine kleinen kostbaren Geschenke, mit denen du mir immer ein warmes Lächeln ins Gesicht zauberst.

Danke, dass wir statt stillem Wasser, heute Tee und Kaffee trinken können.

Danke, dass ich an deinem Leben teilhaben darf und du mich nicht verändern willst.

- Danke, dass du unersetzlich bist.

WG - Team.

Danke, dass ich bei euch noch einmal fallen durfte, bevor ich endgültig aufgestanden bin.

Danke, dass ihr mir gezeigt habt, was es heißt, zu überleben und was es aber bedeutet, wirklich zu leben.

Danke, an alle Mädels, die in dieser Zeit wichtige Bezugspersonen für mich waren.

Danke, für die Konfrontation mit meinem eigenen Verhalten.

Danke, dass ich endlich herausfinden konnte, wer ich sein will.

Danke, dass ich bei euch Zukunftspläne schmieden durfte.

- Danke, für diesen weiteren, unglaublich wichtigen Schritt in meinem Leben.

Bad – Bodenteich Team.

Danke, für den weiten Weg; die lange Zugfahrt, die ich antreten durfte, um auf Besserung zu hoffen.

Danke, für Konsequenzen, mit denen ich gelernt habe, umzugehen.

Danke, dass ich dort wundervolle Menschen kennenlerne durfte, die mir immer Mut gemacht haben.

Danke, für die wundervoll idyllische Umgebung, in der eine Heilung möglich ist.

Danke, dass ich an die Hand genommen wurde und meine ganz eigene Entwicklung zulassen durfte.

- Danke, dass ich auch diese Erfahrungen sammeln konnte.

Hanna.

Danke, dass du ein weiterer Engel auf meinem Weg warst.

Danke, dass du immer versucht hast, mir meinen Wert deutlich zu machen.

Danke, dass ich mit dir auch Mist bauen und darüber lachen konnte.

Danke, dass du für mich ein Vorbild warst.

Danke, für alle unendlich langen Nachrichten, die mich jedes Mal aufgebaut haben.

Danke, dass du mir dein Vertrauen schenkst.

Danke, dass ich mit dir über alles reden kann und es sich wieder so gut anfühlt, normal zu sein.

Danke, dass du immer für mich da bist.

- Danke, für deine Unterstützung.

Tanja.

Danke, dass du, als meine Patentante, immer für meine Familie da warst.

Danke, für deine wunderschönen Karten, die mich in Kliniken erreicht haben.

Danke, für wahre Worte und die verständnisvollen Telefonate am See.

Danke, dass du nie die Hoffnung aufgegeben hast, mich wieder glücklich zu sehen.

Danke, dass du die allerbeste Freundin meiner Mutter bist, die sie sich je hätte wünschen können.

Danke, für all die Besuche, die mir sehr wichtig waren.

Danke, dass ich so viel Vertrauen in dich haben darf.

- Danke, dass es dich in meinem Leben gibt.

Meine ehemaligen Lehrerinnen

Frau Z. und Frau H.

Danke, dass Sie beide zu jeder Zeit hinter mir standen.

Danke, dass Sie großes Verständnis für meine Entscheidungen aufbrachten.

Danke, dass Sie mir beide Erleichterung geschaffen haben.

Danke, für die Zeit, die sie mir gaben.

Danke, für all die Besserungswünsche.

Danke, dass Sie sich für mich eingesetzt haben, und trotz meiner langen Fehlzeiten eine problemlose Versetzung erreichen konnten.

- Danke, dass ich Sie beide als Menschen kennenlernen durfte.

Meine Therapeutin Frau R.

Danke, dass sie mich in liebevoll gestalteter Umgebung aufgenommen haben.

Danke, dass ich mich bei Ihnen sofort wohl und geborgen fühlen durfte.

Danke, dass Sie sich meinen Sorgen und Ängsten annehmen.

Danke, für all die warmen Worte und Ihre viele Zeit.

Danke, dass ich keine Nummer bin.

Danke, dass sie mich mit guten und schlechten Tagen ernst nehmen.

Danke, dass ich all meine Gefühle jederzeit ausdrücken darf.

Danke, dass Sie mich zu nichts zwingen.

Danke, für eine Entwicklung, die ich in den letzten knapp zwei Jahren mit Ihrer Hilfe durchmachen und vollbringen durfte.

Danke, für Ihre einzigartige, wertvolle Gabe, zu spüren, was ich brauchen könnte.

- Danke, dass Sie mich schätzen.

„Der größte Reichtum unseres Lebens,

ist ein herzliches Dankeschön von innen heraus."

Allen anderen wichtigen Menschen in meinem Leben, die ich nun nicht wörtlich in diesem Buch erwähne, schicke ich gedanklich eine feste Umarmung zu.

Jeder einzelne von euch hat auf ganz unterschiedliche Art und Weise zu meiner Genesung beigetragen.

- Habt vielen Dank.

„Für alles was war...

Danke."

FSC
www.fsc.org

MIX

Papier | Fördert
gute Waldnutzung

FSC® C083411

Zeitfracht Medien GmbH
Ferdinand-Jühlke-Straße 7
99095 Erfurt, Deutschland
produktsicherheit@kolibri360.de